LE CRI
DE L'HUMANITÉ
EN FAVEUR
DES PERSONNES NOYÉES,
OU
MOYENS FACILES
POUR
LES RAPPELLER A LA VIE;

Ouvrage très-intéressant, qui a remporté le Prix des Arts à l'Académie des Sciences de Besançon.

Par M. ISNARD.

Son secours me fortifie,
Et me fait trouver la vie
Dans les horreurs du trépas.

Rousseau, Odes Sacrées.

A PARIS;

Chez LAURENT PRAULT, Libraire, Quai des Augustins, au coin de la rue Gist-le-Cœur.

M. DCC. LXII.

AVEC APPROBATION.

MEMOIRE

SUR

LA MANIERE LA PLUS SIMPLE

ET LA PLUS SURE

DE RAPPELLER LES NOYÉS

A LA VIE.

IL n'eſt que trop commun de voir les choſes les plus utiles & les plus néceſſaires à la vie de l'homme tourner à ſa perte, ſoit par ſon imprudence, ſoit par des accidens imprévus & inévitables. Les flots de la mer, des lacs, des rivieres, des torrens engloutiſſent tous les jours de malheureuſes victimes que l'on pourroit ſauver, & dont on accélere ſouvent la mort, lorſqu'on devroit les rappeller à la vie.

A

N'eſt-ce pas aſſez pour l'homme de payer le tribut à la mort, quand ſon heure eſt réellement venue ? N'eſt-ce pas aſſez, que le fléau de la guerre & les excès du libertinage & de la débauche conſpirent avec la miſere & avec l'intempérie des ſaiſons à dépeupler les villes & les campagnes ? Faut-il encore que parmi des Nations d'ailleurs éclairées, l'ignorance & le préjugé avancent le terme fatal, & retranchent, de la durée ſi courte de nos jours ?

C'eſt une barbarie homicide de renfermer dans le tombeau des hommes en qui les fonctions de la vie ne ſont que ſuſpendues ſous les apparences trompeuſes de la mort : c'eſt rendre cruel le miniſtere le plus officieux, que d'éteindre un dernier ſouffle de vie avec l'intention charitable de le ranimer.

Des Savans auſſi humains qu'éclairés, ſe ſont élevés avec force contre des pratiques ſi odieuſes, qui révoltent l'humanité. Leur zele accompagné de l'évidence a fait une impreſſion profonde ſur un petit nombre de Lecteurs ſenſibles au bien public ; mais ceux-ci n'ont pas eu l'occaſion de pratiquer la nouvelle doctrine ; ils n'ont fait que des vœux impuiſſans pour l'exécution : la ſaine théorie a été ſans fruit ; & l'ancienne pratique eſt reſtée au préjugé. Les hommes inſtruits ne ſont point appellés, ou le ſont trop tard. Des gens livrés par état ou par inclination à l'ignorance la plus profonde, ſont en poſſeſſion d'abandonner les Noyés, ou de les étouffer, en voulant les rendre à la vie.

Le vulgaire ne ſait pas, & il n'eſt pas permis de le laiſſer ignorer, que pluſieurs de ceux que l'on retire de l'eau ſans aucun ſigne de vie, ſeroient préſervés d'une mort prochaine, ſi on leur donnoit des ſecours dirigés par la ſcience & par un vrai zele, qui ne ſe rebutât point après de legeres tentatives.

Il n'a manqué aux Ecrits, qui auroient pu inftruire le Public fur une matiere fi intéreffante, que d'être raffemblés avec choix, & affez répandus. Les erreurs populaires, les ouvrages frivoles ou dangereux, gagnent comme la gangrene; & les bons livres font à peine connus.

C'eft aux Compagnies favantes, qui font de plus en plus la gloire & l'inftruction du monde, à communiquer à ces ouvrages utiles une partie de leur célébrité. Les lumieres qui émanent de ces Aréopages, ont une impulfion plus fûre, & qui devient bientôt univerfelle. Nous le voyons par expérience; les pratiques qui tendent au bien public, ne peuvent être ignorées, ou négligées, dès qu'elles paroiffent revêtues du fceau refpectable de la Légiflation Académique.

Quel bonheur pour la fociété, que les Savans aient renoncé à tant de fpéculations oifives, à tant de recherches frivoles & de queſtions de pure curioſité, pour s'attacher à perfectionner les arts utiles, à déraciner les anciens préjugés ſi honteux à la raiſon, ſi ſouvent funeſtes à l'humanité !

Pour donner des ſecours efficaces aux malheureux qu'on a retirés de l'eau & ne leur en point adminiſtrer de préjudiciables, ou d'inutiles, il faut d'abord connoître la cauſe de la mort des Noyés.

Parmi le petit nombre d'Auteurs qui ont traité cette matiere, il y en a qui ont confondu cette mort avec celle des Pendus & des Apoplectiques, & qui ont méconnu les caracteres qui la diſtinguent.

Un Profeſſeur Danois (a) a prétendu que dans les Noyés, l'Epiglote s'abbaiſſe ; & que demeurant collée ſur la Glote, elle empêche l'eau d'y entrer & l'air d'en ſortir.

(a) M. Dettarding.

Un autre Auteur (*a*), qui a fait un Traité sur la mort des Noyés, en attribue la mort à la dilatation de l'air dans les poumons gonflés & distendus. Nous ne nous arrêterons point à réfuter leurs hypothèses; elles ne sont conformes ni au raisonnement fondé sur l'économie animale, ni à l'expérience, qui est plus propre que le raisonnement & que les conjectures, à décider la véritable cause de ces morts violentes.

La vie ne sauroit subsister, il est vrai, sans le secours de deux fonctions essentielles, qui sont la circulation du sang & la respiration. Si les poumons ont besoin du cœur, le cœur, à son tour, a besoin des poumons; & l'animal doit périr également, soit que le sang, faute d'air, s'arrête dans le poumon & ne passe plus au cœur (*b*), soit qu'il soit re-

(*a*) Becker de Dantzick, *de submersorum morte.*
(*b*) *Malach. Truston, de Respirationis usu primario*, p. 110.

tenu dans le cœur, & qu'il ne puiſſe s'introduire dans les vaiſſeaux du poumon : mais la mort qui en eſt l'effet dans l'un & dans l'autre cas, y eſt produite par des cauſes bien différentes.

Dans ceux qui ſont étranglés, la reſpiration eſt interceptée par une cauſe tout-à-fait extérieure & méchanique, qui ne laiſſe aucun paſſage à l'air.

Dans les Apoplectiques, la circulation eſt ſupprimée par une cauſe interne, qui fait un engorgement du ſang dans les poumons & dans le cerveau. L'on ne peut pas dire la même choſe de la mort des Noyés, dont la cauſe eſt extérieure & auſſi différente de celle de la mort des Pendus que de celle des Apoplectiques.

PREMIERE OBSERVATION.

M. Littre avoit conclu en 1718 (a) de ſes Obſervations anatomiques, que l'eau entre dans la poitrine des

____

(a) Mémoires de l'Académie Roy. des Sciences.

A iv

Noyés. Dans le même tems M. Lan-
cisi (*a*) ne reconnoissoit point d'autre cause de cette mort : *Si aqua in
demersis, per bronchia loco aëris diffusa,
non revomatur.* En quoi il étoit assez
d'accord avec Ettmuller, qui attribue cette mort, en partie, à la sup-
pression de l'air, & en partie à l'ir-
ruption de l'eau : *Partim ex impedito
aëris transitu, partim ex irruptione aquæ.*
[T. I, p. 158.]

M. Louis (*b*) prouva depuis, par
l'expérience, que la cause de la dilatation des Bronches & de la mort, est
l'eau qui y entre ; il la démontra en
noyant un chat dans l'eau teinte en
y versant une bouteille d'encre ; il
trouva ses poumons gonflés & noirs,
comme s'ils eussent été gangrenés.
La cavité des Bronches & la Trachée

(*a*) *De subitaneis mortibus*, p. 33.
(*b*) Lettres sur la certitude des signes de la mort
&c. 1752, par M. Louis, Démonstrateur au Col-
lege de S. Côme, de l'Académie Royale de Chi-
rurgie &c.

'Artere étoient pleines de cette eau noircie : il répéta cette expérience dans différentes eaux colorées, & les poumons en furent toujours tachés.

II. Observation.

Pour prévenir l'objection, que l'eau pouvoit être entrée après la mort de l'animal, il tint dans l'eau, pendant plusieurs heures, des animaux qu'il avoit fait étouffer auparavant; il n'entra jamais une seule goute d'eau dans leurs poumons. Dès que la poitrine ne fait pas le mouvement nécessaire pour l'inspiration, il ne paroit pas qu'il puisse rien entrer dans les poumons : l'eau de l'amnios entre-t-elle dans les poumons du Fœtus, quoiqu'il soit vivant.

III. Observation.

Pour découvrir précisément comment on se noie; je fis, dit le même Auteur, attacher un chien par les deux pattes de derriere avec une ficelle de dix à douze piés de long, & affez forte pour porter l'animal, & un poids double du fien, qui y étoit attaché. On jetta le chien ainfi préparé dans un refervoir bien né- toyé, rempli d'une eau très claire, pour mieux obferver tout ce qui s'y paffecoit.

En tenant à la main l'extrêmité de la ficelle, je foutenois le poids de façon que l'animal fitué perpendicu- lairement, avoit la tête deux ou trois pouces au-deffous de la furface de l'eau. L'animal fe débattit beaucoup; il remuoit les pattes de devant, & faifoit des efforts pour nager; après deux ou trois minutes, il fortit de fa poitrine beaucoup d'air, qui forma de groffes bulles à la furface de l'eau; un moment après, l'animal s'agitant toujours, il fortit de l'air en moindre quantité, mais un peu plus longue- ment; le chien fit la culbute & parut mort.

Cette expérience répétée plusieurs fois, ne laisse aucun lieu de
douter qu'à l'instant que l'animal est
submergé, sa poitrine ne reste dans
le même état où elle étoit avant qu'il
tombât dans l'eau ; mais loin que l'E-
piglotte s'abaisse, la nécessité de respirer oblige le Noyé à cesser de suspendre le mouvement de l'inspiration. L'eau entre dans les poumons
& en chasse l'air, qu'on apperçoit
en forme de bulles à la surface de
l'eau.

Les précautions que prennent les
plongeurs avant que de se jetter à
l'eau, & ce qui se passe en eux lorsqu'ils sont dans cet élément, confirment ce qu'on vient d'avancer sur la
façon dont on se noie.

IV. OBSERVATION.

A l'instant qu'un homme veut
plonger, il fait une grande inspiration, ferme la bouche, & se pince
le nez pour retenir l'air, que l'ou-

verture des narines, toujours béante
par le ressort des cartilages, laisse-
roit échapper. La nécessité de respirer, oblige le plongeur, lorsqu'il est
dans l'eau, à lâcher peu à peu l'air
dont ses poumons sont gonflés. Enfin, lorsqu'il a autant expiré qu'il est
possible ; il est contraint de revenir à
à la surface de l'eau, pour y respirer
de nouveau ; il sent qu'il se noieroit,
si quelque obstacle l'empêchoit de
venir inspirer un nouvel air.

La grande inspiration que fait le
plongeur avant que de se précipiter
dans l'eau, retient le sang à l'entrée
de l'Artère pulmonaire ; à mesure
qu'il laisse échapper l'air qui gonfloit
les Bronches, le sang pénetre par les
ramifications de cette Artère dans
toute la substance du poumon ; il faut
enfin une nouvelle inspiration pour
faire passer ce sang dans la veine pulmonaire, qui le conduit au cœur. On
ne peut pas contester qu'en inspirant
pendant l'immersion, on ne doive en

même tems inspirer de l'eau, puisqu'il n'y a dans l'homme aucun organe pour séparer l'air d'avec cet élément. C'est précisément ce qui arrive à ceux qui se noient, comme il paroît par l'observation suivante, tirée du même Auteur.

V. O BSERVATION.

Le 3 Avril 1746, je fus appellé, dit-il, à neuf heures du matin, pour voir un pauvre homme qu'on venoit de retirer de la riviere &c. Entre différens secours que je mis en usage, pour le soulager, j'essayai la saignée du pié ; il ne sortit que quelques gouttes de sang, quoique la veine, qui étoit fort grosse, eût été bien ouverte. La saignée de la jugulaire se fit sans ligature, le sang sortit très bien, & le sujet, après la saignée, donna des marques de vie ; il recouvra l'usage de la respiration, mais elle manqua bientôt après.

A l'ouverture du cadavre, il y

avoit environ demi-septier d'eau épanchée dans chacune des deux cavités de la poitrine ; & malgré cet épanchement, les poumons étoient plus gonflés & plus distendus qu'ils ne le doivent être naturellement. L'ouverture des corps de quelques Noyés m'avoit fait conjecturer que l'eau qu'ils avoient inspirée, pouvoit s'être épanchée dans la cavité de la poitrine par transudation.

VI. OBSERVATION.

Pour éclaircir ce point, j'ai fait noyer des animaux, je les ai rappellés à la vie, & ouverts ensuite tout vivans. Je n'ai jamais trouvé de l'eau épanchée entre les poumons & la plèvre ; l'épanchement que j'avois observé dans les Noyés, n'est sans doute que l'humeur qui exsude naturellement de la plèvre & de la membrane extérieure du poumon, pour rendre ces parties glissantes ; & cet épanchement ne se fait qu'à la mort.

Nous devons conclure de ces Obfervations :

1°. Que la dilatation & le gonflement des Bronches du poumon, ne font caufés que par l'eau que les Noyés ont infpirée ; & que cette eau, en rempliffant les Bronches, en a chaffé l'air qui y étoit renfermé.

2°. Que la circulation du fang n'a ceffé qu'au défaut de nouvel air, qui pouffât le fang dans la veine pulmonaire, pour le conduire au cœur.

3°. Que le cerveau eft engorgé par le fang artériel, plus abondant en cette partie où il a reflué, à mefure que fon cours a été arrêté dans les autres vaiffeaux.

C'eft donc fans fondement, & par des conjectures hafardées, qu'on avoit attribué la mort des Noyés à la dilatation de l'air dans les Bronches du poumon, ou à la même caufe qui interrompt la circulation du fang dans l'apoplexie & dans la fuffocation.

Après avoir établi la véritable cauſe qui fait périr les Noyés, cherchons les moyens de rappeller à la vie ceux en qui les fonctions n'en ſont que ſuſpendues. Les ſecours que l'on peut leur donner, ne tendent :

1°. Qu'à rétablir la chaleur naturelle & la circulation arrêtée.

2°. Qu'à débarraſſer la poitrine & le cerveau du ſang dont ils ſont engorgés.

3°. A vuider les Bronches, du fluide qui a été inſpiré.

N'eſt - il pas bien humiliant pour nous, que dans preſque toute l'Europe, comme parmi les nations barbares, on pratique ordinairement tout le contraire ? Il s'agit de rétablir la circulation, en réchauffant le malheureux que l'on vient de retirer de l'eau; & on le laiſſe étendu ſur le rivage, ſouvent tout nu, & expoſé à l'air froid ; ſi dans le voiſinage il ſe trouve une habitation ou un moulin, on étend le Noyé devant un grand feu ; on l'expoſe à une raréfaction ſubite

des

des liqueurs, qui peut être plus dan-
gereuſe que leur ſtagnation accidentelle.

Dans la vue de vuider la capacité
de l'eſtomac d'une abondance d'eau
qui n'y eſt point, on ſecoue, on agite
le Noyé, on le ſuſpend par les piés, on
le berne, on lui donne la torture dans
un tonneau défoncé. Si par ces mouvemens violens & déreglés on vient
à ranimer la circulation du ſang ; ces
ſituations forcées, ces ſecours cruels
ne ſont-ils pas plus propres à ſurchar-
ger le cerveau qu'à le débarraſſer ? Si
vous ſuſpendez par les piés telle per-
ſonne que vous voudrez ; vous faites
refluer le ſang, vous le déterminez à
ſe porter des extrêmités aux vaiſſeaux
qui communiquent à la poitrine &
au cerveau ; le viſage devient livide,
les yeux ſortent de la tête, tous les
vaiſſeaux ſont gonflés d'une abondance de ſang, dont en peu de tems
la circulation peut s'arrêter & cauſer
l'apoplexie.

B

On a cru fauſſement que les Noyés meurent pour avoir avalé une grande quantité d'eau ; & pour obvier à un mal imaginaire, on travaille à leur procurer réellement la mort, en voulant les en préſerver.

Un ſiſtême illuſoire a ſuppoſé qu'ils meurent apoplectiques ; de-là l'uſage vulgaire de les agiter violemment, de leur verſer dans la bouche des liqueurs ſpiritueuſes, de ſuppléer au défaut de ces liqueurs par l'urine chaude, par les décoctions de poivre dans le vinaigre ; on n'a preſcrit tous ces moyens, que par l'analogie qu'on a cru trouver entre la mort des Noyés & celle des Apoplectiques ; quelqu'inutiles ou quelque dangereux que ſoient ces moyens, on les a adoptés généralement; on les a tellement jugés les meilleurs, qu'on n'a point imaginé qu'on pût jamais en trouver d'autres. C'eſt ainſi que l'erreur d'une théorie mal fondée, entraîne néceſſairement celle de la pratique.

(19)

'Auffi M. Louis, qui n'a point confondu les caufes de ces différentes
morts, réprouve généralement tous
ces moyens ; & il combat le dernier
par cet axiome, qu'on ne doit rien
mettre dans la bouche d'un homme
qui ne peut rien avaler. La propofi-
tion paroît un peu trop générale ; &
l'ufage de verfer des liqueurs fpiri-
tueufes dans la bouche des Noyés,
ne femble pas moins utile que les fter-
nutatoires, pour rendre le ton aux
organes, & tâcher de les ranimer.
M. Louis les confeille lui-même, à
caufe de la dépendance qui fe trouve
entre les narines & le diaphragme ;
on peut, dit-il avec M. de Sauvages (a), fouffler un air chaud dans la
bouche, en pinçant les narines.

Il confeille auffi les frictions faites avec des linges chauds fur toute
l'habitude du corps ; & s'il paroît ou-

____

(a) *Inditâ in os follium fiftulâ fenfim & repetitis
vicibus infufflabitur.* Nouvelles claffes de maladies,
pag. 207 & fuiv.

blier l'axiome de ne rien introduire dans la bouche des Noyés, en ordonnant les émétiques, c'eſt qu'il ne perd pas de vue la principale indication, de dégorger la poitrine ; mais il ne les conſeille qu'après qu'on eſt parvenu à avoir quelque ſigne de vie, & lorſque les organes ont repris leurs fonctions.

Nous avons vu dans la cinquieme Obſervation, que la ſaignée du pié fut tentée inutilement ; celle de la jugulaire eut en partie l'effet deſiré : la bonté de cette pratique vient d'être confirmée par M. le Baron de Haller (*a*), qui aſſure que cette ſaignée eſt très propre à rétablir la circulation ſuſpendue dans les Noyés & dans les perſonnes attaquées de maladies ſoporeuſes.

(*a*) Nouvelles Obſervations ſur les effets de la ſaignée, par M. le Baron de Haller, Préſident de la Société Royale de Goettingue &c. 1756.

VII. OBSERVATION.

Cet illuſtre chef d'une Académie celebre a fait ſoixante-deux expériences pour s'aſſurer de l'exiſtence réelle de la dérivation & de la révulſion. Dans les trente-ſix premieres, il n'a fait aucune attention au ſang artériel ; ſon mouvement étoit trop prompt, pour que la ſaignée ait pu en augmenter la vîteſſe : mais dans les vingt-ſix autres, il a examiné attentivement le changement que la ſaignée y a occaſionné ; & il a obſervé dans le plus grand nombre, que cette opération augmentoit le mouvement du ſang dans les artères, ſoit qu'il ne fût que rallenti, ſoit qu'il fût ſuſpendu ; il paroît que ſa vîteſſe augmentoit comme ſa quantité. L'ouverture de la veine après la mort de l'animal, après que le cœur lui eût été arraché, fit augmenter ce mouvement dans l'artère. Ces augmentations de mouvement du ſang

ſuivirent trop conſtamment la ſaignée, pour avoir lieu de les attribuer
à quelqu'autre cauſe accidentelle.
On peut donc conclure, après les
expériences de M. le Baron de Haller, que la ſaignée accélere le mouvement du ſang dans les artères cor-
reſpondantes & voiſines de la veine;
ce qui prouve la bonté de la doctrine de Bellini ſur la révulſion, adop-
tée, il y a long-tems, en France par
MM. Sylva, Senac, & par nos plus
habiles Praticiens. (Traité de l'uſage
de différentes ſortes de ſaignées, par
M. Sylva, 1727. Anatomie d'Heiſ-
ter, pag. 456.

La Bronchotomie eſt une opération inutile dans le même cas, dès
qu'il eſt démontré par l'expérience
que la ſaignée de la jugulaire, en
déſempliſſant les troncs veineux, dé-
barraſſe le cerveau du ſang qui y étoit
retenu par la dilatation forcée du
poumon; & qu'elle ſuffit pour rétablir la circulation.

VIII. Observation.

On peut en assurer le succès par l'irritation causée dans les intestins par la chaleur & la fumée stimulante du tabac ; on peut, dans un cas pressant, se servir d'une pipe ou d'un chalumeau, pour souffler dans le corps la fumée qu'on tirera d'une pipe allumée ; & quand le souffleur sera las, ou dégouté, substituer à la fumée un suppositoire de Tabac du Bresil, comme un stimulant qui peut produire le même effet. Un des Membres de l'Académie des Sciences de Paris, fut un jour témoin de l'heureux succès de cette fumée sur un Noyé, à qui un Suisse administra ce secours, jusqu'alors inconnu en France. M. Louis conseille d'employer un instrument plus commode & plus utile que la pipe : c'est celui qui est décrit par Thomas Bartholin (*a*), & perfectionné par M. Muschen-

(a) *Historia Anatomica*, *Cent*. 6. *Hist*. 66.

broeck, dont on trouvera la figure à la fin de ce Mémoire.

La Marine eſt trop éclairée en France, pour n'avoir pas adopté la meilleure pratique connue, & n'a-voir pas banni, en faveur des Noyés, la plupart des moyens barbares en-core en uſage parmi le peuple igno-rant & groſſier. La derniere cam-pagne, dans la Méditerranée (1757), nous fournit des obſervations qui mé-ritent d'être citées pour l'exemple.

IX. OBSERVATION.

Une Fregate de l'Eſcadre de M. de Sabran fut tellement dominée par un gros tems, qu'elle faiſoit environ cinq lieues par heure. Un Matelot, qui travailloit à la manœuvre, fut pré-cipité dans la mer par un coup de vent. Il lutta contre les vagues, & ſuivit à la nage, tant qu'il ſe vit à la portée du bâtiment, qu'on avoit mis en travers pour gagner du tems & tâ-cher de le ſecourir ; mais les forces lui manquerent, avant que le canot qu'on lui envoyoit au fecours, eût pu le joindre. Il fut fubmergé, il perdit le mouvement & la connoiſſance; il étoit pourtant revenu vers la furface de l'eau, la tête en bas, le corps plié, & ne paroiſſant que par le dos. On le retira de la mer, & on le ramena à bord, fans beaucoup d'efpoir de le fauver. Le Capitaine, connoiſſant le prix de la vie des hommes, ordonna qu'on en prît tout le foin poſſible, perfuadé qu'on peut rappeller les Noyés à la vie, quoiqu'ils aient été pluſieurs heures dans l'eau. On enveloppa le Matelot dans des peaux de moutons écorchés dans le moment; cette chaleur naturelle le ranima peu-à-peu : à l'aide de la faignée de la jugulaire, des vomitifs, & de la fumée du tabac qu'on lui inſinua dans les inteſtins, la circulation fe rétablit, & il fut rappellé à la vie par ces fecours.

X. Observation.

Pendant cette campagne, le même accident arriva à deux Mousses, qui tomberent de l'avant d'un vaisseau, & qui resterent environ dix-huit minutes dans l'eau. Voici l'extrait d'un Certificat que nous a envoyé M. Roux, Chirurgien en chef du vaisseau *le Fier* (a) : nous le laisserons parler lui-même des secours qu'il donna aux deux Noyés. On les enveloppa, dit-il, de peaux de moutons, après les avoir échauffés avec des draps de lit bien chauds ; je leur fis prendre par l'anus de la fumée de tabac par le tuyau d'une pipe ; une heure après, l'un d'eux étoit assez revenu à lui-même pour pouvoir lui faire avaler de l'eau tiéde avec de l'huile d'olive, qui le fit beaucoup vomir. Après cela des lavemens firent tout l'effet qu'on pouvoit desirer.

(a) Département de Toulon.

L'autre Mousse n'ayant donné au=
cun figne de vie, je lui appliquai des
ventoufes fans fuccès, je le fis faigner
aux deux bras, fans qu'il en fortît que
quelques goutes de fang. Cela n'em-
pêcha pas que je miffe un de mes Ai-
des auprès de lui, pour continuer à
le faire échauffer, à lui faire flairer
de l'eau fpiritueufe, à le faire rouler
doucement fur des barrils, manœuvre qui n'eut pas plus d'effet.

Je continuai de donner du fecours
au premier, qui ne put articuler quelques paroles que fix heures après qu'il
eût été retiré de l'eau, fans fe reffou-
venir ni de ce qui lui étoit arrivé, ni
de fon camarade, ayant la fievre &
un affoupiffement léthargique, qui
me détermina à le faire faigner plu-
fieurs fois. Le lendemain je le fis pur-
ger, après quoi il parut être bien ; la
fievre s'étant calmée jufqu'au fixieme
jour, qu'elle le reprit de même que
l'affoupiffement ; ce qui m'obligea de
le faire refaigner du bras, enfuite à la

jugulaire, & deux jours après je le fis repurger; de forte qu'il s'eſt bien trouvé, & fans aucun accident, le douzieme jour.

Ces obſervations nous confirment par une expérience fuivie, le fuccès de la faignée, furtout celle de la jugulaire, des émétiques benins, de la fumigation intérieure du tabac, & de la chaleur naturelle appliquée extérieurement, pour rétablir les fonctions vitales.

XI. Observation.

Il reſte à dégorger les bronches du poumon, quand le Noyé a donné quelque figne de vie; il ne faut pas le négliger. Il a encore la refpiration génée, & au bout de quelques heures le poumon contient encore la moitié du fluide qui y étoit entré par l'infpiration. On l'excitera à vomir, en lui introduifant, à diverfes reprifes, une plume avec fes barbes dans l'éfophage, en employant les potions expectorantes émétisées, l'oximel scillitique, & semblables médicamens, dirigés, suivant les cas, par la prudence des gens de l'Art.

XII. Observation.

Il entre moins d'eau dans l'estomac d'un Noyé, que dans celui d'un homme altéré qui en boit beaucoup. Ce fait est attesté par nombre d'observations, & M. Louis s'en est assuré par l'expérience. Il a noyé des animaux peu de tems après qu'ils avoient mangé, & il leur a trouvé ce viscere dans le même état qu'il auroit été si on les avoit ouverts sans les noyer. S'il entre de l'eau dans l'estomac, c'est en si petite quantité, qu'elle ne sauroit causer la mort.

L'usage si absurde & si commun de suspendre les Noyés par les piés, (nous ne pouvons trop le répéter,) est inutile, si toute fonction est suspendue en eux; on feroit évacuer tout au plus l'eau qui seroit restée dans la trachée-artère, & deux ou trois minutes suffiroient pour cet effet. Mais cette pratique, suivant l'Aphorifme de M. de Sauvages, eft très-pernicieufe, dès que la circulation a repris fon cours : *Sufpenfio ex pedibus funeftiffima. Nov. morb. gen p. 213.*

XIII. Observation.

Si le Noyé étoit dans le cas d'avoir trop bu, contre l'ordinaire, conviendroit-il mieux de le faire entrer dans un tonneau ouvert par les deux bouts, qu'on rouleroit en fens différens ? On a l'expérience de Noyés, qui n'ont commencé à donner des fignes de vie, qu'après avoir été ainfi agités pendant plus de deux heures : mais puifque deux heures d'agitations violentes n'ont rien opéré, & que par un traitement plus fage & mieux raifonné, il n'a fallu que demi-heure pour rappeller à la vie une fille noyée depuis un tems confidérable, le choix des pratiques n'eft plus douteux : la plus sûre & la plus simple en même tems, est celle que nous offre l'Observation suivante ; nous la devons à M. du Molin, Médecin de Cluni (a).

XIV. Observation.

Une fille de dix - huit ans tomba du haut d'une terrasse dans la riviere. Elle fut entraînée sous une cascade, & de-là sous des maisons, à la distance d'environ cent cinquante pas, jusqu'à une Tannerie, où elle fut arrêtée par les jupes à un pieu planté sur le rivage. On ignore le tems précis de sa chûte, & conséquemment celui pendant lequel elle peut avoir été accrochée au pieu secourable ; mais ce tems dût être assez long, puisque sa mere & la maîtresse dont elle étoit domestique, la cherchoient depuis plus de deux heures, quand le

____

(a) Lettre de M. du Molin, rendue publique dans les Annonces & Affiches, Mai 1757.

Tanneur la trouva sur le bord de la riviere.

Après qu'on l'eut retirée de l'eau, je passai par hasard, dit M. du Molin, près de la maison où elle étoit; & y étant entré avec la foule des curieux, je la trouvai étendue devant le feu; je représentai le danger de la laisser exposée à cette chaleur; elle étoit sans mouvement, glacée, insensible, les yeux fermés, la bouche béante, le teint livide, le visage bouffi, tout le corps enflé, chargé d'eau, & sans pouls.

Je demandai des cendres, qui n'eussent point servi à la lessive; il avoit plu tout le matin, & l'air étoit encore humide; je fis mettre ces cendres dans des chaudieres sur le feu, pour leur donner une chaleur convenable; j'en fis étendre sur un lit, de l'épaisseur de quatre doigts; on y coucha la Noyée toute nue, & on la couvrit d'une pareille quantité de cendres; on lui couvrit le cou d'un

bas,

bas & la tête d'un bonnet, garnis des mêmes cendres, & on lui étendit def-sus le drap & la couverture. Une demi-heure étoit à peine écoulée, que le pouls de la Noyée se rendit sensible : sa voix revint d'abord inarticulée ; mais après quelques bégaiemens elle prononça ces mots, je gèle, je gèle. Je lui fis prendre une cuillerée d'eau Clairette, & je la laissai enfévelie dans les cendres pendant près de huit heures. Après ce tems elle en sortit rétablie entierement : il ne lui restoit qu'une lassitude qui se dissipa le troisieme jour. Toutes les eaux s'écoulerent par la voie des urines ; l'évacuation en fut si abondante, qu'elles percerent le lit, & inonderent la chambre. Cette fille a été mariée depuis son accident, & est mere de trois enfans.

L'Ætiologie de ce phénomène, continue M. du Molin, ne doit point se chercher ailleurs que dans les parties salines & terreuses de la cendre.

La furface du corps eft criblée d'une infinité de tuyaux perfpiratoires, de filieres, de pores abforbans ; chacun de ces tuyaux, ou la plupart, offroient à l'enveloppe faline de la cendre, leur orifice entr'ouvert à la colonne de liqueur dont ils étoient engorgés. Les maffes falines diffoutes par ce menftrue, & portées par le mouvement du fluide contre les membranes nerveufes des tuyaux qui étoient dilatés, leur rendirent, par leur aiguillon, le reffort néceffaire pour leur contraction. Il eft vrai que ce mouvement étoit foible dans chaque tuyau féparément ; mais comme il agiffoit fur tous à la fois & dans toute la furface du corps, en multipliant la ftimulation & par conféquent la contraction, il fut enfin capable de faire refouler fur les reins les eaux qui s'y frayerent une route pour s'écouler. La partie terreufe de la cendre, propre à deffécher la peau, concourut encore à faciliter l'action des fels.

Cette découverte fait d'autant plus d'honneur à M. du Molin, qu'il y est parvenu non par le hasard, mais par l'analogie & par la reflexion, & qu'il y a été conduit par des connoissan-ces, communes à la vérité, mais dont la sagacité de son esprit à su faire un merveilleux usage.

De quelque façon qu'ait agi le bain de cendres, il a eu un effet plus prompt & plus efficace que tous les autres moyens connus. Cette prati-que a rempli toutes les indications, rétabli tous les désordres causés par la submersion, & elle a suppléé à toutes les autres pratiques : il vaut mieux, sans doute, employer, com-me M. du Molin, cette chaleur dou-ce & amie de la nature, cette stimu-lation insensible & générale, qui par de legeres vellications des houpes nerveuses, va ranimer peu-à-peu le principe de la vie, & rétablir toutes les fonctions de l'œconomie animale, que de faire violence à la nature déja abbattue , & d'éteindre un dernier souffle de vie par des mouvemens brusques & déreglés.

Cependant, comme l'expérience de M. du Molin , si digne de l'attention du public , a fait si peu de sensation qu'elle est unique , & quoique je l'aie éprouvée avec succès sur plusieurs animaux , n'étant pas encore confirmée par des succès multipliés sur des hommes noyés ; le bon effet produit par le bain des cendres pouvant être attribué , en partie , à la jeunesse & à la vigueur du sujet à qui M. du Molin sauva la vie ; il ne faudroit pas se fier tellement à sa méthode que l'on négligeât les autres , dans les cas où celle-ci n'auroit pas un succès complet.

Heureusement ce procédé , loin de mettre aucun obstacle aux autres moyens que nous avons indiqués , leur prépare les voies ; il est simple & facile ; on a partout sous la main les secours peu couteux qu'il em-

ploit; & tout le monde peut les employer dans les campagnes, où l'on
feroit privé de la main fecourable des
gens experts dans l'art de guérir. Mais
fi dans le court efpace que le bain
des cendres exige pour rétablir la
circulation, on n'en voit pas l'effet
defiré, les perfonnes charitables,
que le hafard ou leur bienfaifance auront appellées au fecours du Noyé,
doivent employer les autres moyens
efficaces que nous avons propofés.
Ils auront des reproches à fe faire,
tant qu'ils ne pourront pas fe rendre
témoignage qu'ils n'ont rien négligé
pour fauver un malheureux, & rendre la vie à leur femblable.

Pour tout prévoir, & ne rien ou-
blier, fuppofons le cas où l'on ne
trouveroit ni habitation, ni cendres,
ni aucun des autres fecours; & où,
en attendant que le Noyé pût être
tranfporté, ou que les fecours fuffent
tirés de loin, ils deviendroient inutiles; la Providence y a-t-elle pourvu

au soulagement des Noyés, même dans les lieux les plus reculés & les plus déferts ?

Oui, les rivages de la mer, de la plupart des rivieres & des torrens où l'on se noie, offrent un secours bien prompt, & qui pourra suppléer, en partie, aux autres.

XV. Observation.

En été le sable échauffé par l'ardeur du soleil, peut servir au défaut des cendres, surtout si c'est le sable de la mer impregné de sels; sa chaleur, que l'on pourra modérer si elle est trop ardente, en y mêlant du sable ramassé à l'ombre, n'est-elle pas capable de ranimer la chaleur naturelle, & l'action du sel de rétablir la circulation arrêtée ? Il n'y a pas, il est vrai, dans toute espece de sable des parties salines développées & aussi nombreuses que dans la cendre; mais il y en a assez pour enrichir la végétation de certaines plantes; &

dans l'extrêmité fuppofée, c'eft la feule reffource & la plus convenable.

Dans les faifons & dans les régions froides, il eft bien rare qu'on ne trouve pas fur la terre, ou fur le rivage, du bois, de la broffaille, des débris que les eaux charrient & y dépofent, & qui étant allumés en certaine quantité fur le fable, en échaufferont non-feulement le lit, mais encore celui qui fervira de couverture au Noyé.

M. du Molin, dont le zèle & les lumieres vont toujours en augmentant, ne s'eft point rebuté du peu d'ufage que le Public a fait de fa découverte. Il vient de déclarer (a), pour en rendre la pratique plus facile & plus générale, qu'on peut fuppléer aux cendres des végétaux par celles du charbon de pierre, des terres bitumineufes, des fientes defféchées,

____

(a) Seconde Lettre de M. du Molin, Affiches du 10 Mai 1758. Voy. pag. 33.

& sur tout par le sel marin réduit en poudre, qui doit effectivement agir avec plus d'efficacité. Il avoit en vue les déserts de l'Afrique & des deux Indes où l'on est privé de cendres; mais il y a de ces contrées où le sel marin est plus rare encore que la cendre, & il n'y en a gueres où l'on ne trouve du sable. Sur la côte d'or en Afrique, le sel est, après l'or, le principal objet du commerce. Les Negres des pays intérieurs sont obligés d'y venir prendre du sel. Au-delà d'Ardra, dans quelques Royaumes, d'où vient la plus grande partie des Esclaves, deux hommes se vendent pour une poignée de sel. Hist. des Voyages, Liv. IX, p. 117; & suivant Tavernier il n'y a point de sel dans le Royaume d'Assem. Voy. des Indes, Liv. III, ch. 17.

Le cri de l'humanité, qui se fait entendre au fond de tous les cœurs, ce mouvement si naturel, qui nous rend sensibles au sort des malheureux, doit nous faire furmonter tous les obftacles. Les fecours que l'on peut donner aux Noyés, pour être efficaces, doivent être les plus prompts. La premiere attention que l'on doit avoir, c'eft de dépouiller le Noyé de tous fes habits, de l'envelopper le plutôt qu'on peut, de bonnes couvertures; & à leur défaut, les affiftans peuvent y fuppléer, en fe dépouillant eux-mêmes d'une partie de leurs vêtemens, pour effuyer & revêtir promptement le Noyé. Il ne faut pas, pour un fi petit facrifice, avoir fait de grands progrès dans la perfection évangelique; il fuffit d'avoir une vertu morale & une fenfibilité des plus communes. Cet habit, cette chemife encore animée de la chaleur naturelle d'un homme en fanté, font le fecours le plus effentiel & le plus décifif pour la vie de ce malheureux : ils donnent le tems de le tranfporter, fi l'éloignement de l'habitation n'eft pas grand.

Dans le cas d'une trop grande dif-
tance, le bain de fable échauffé par
le foleil, eft le fecours le plus prompt;
s'il faut l'échauffer par le feu, on doit,
en attendant, employer des habits
fecs & encore chauds, pour empê-
cher la chaleur intérieure de s'éteindre entierement. Un gobelet de vin
tiede, feroit alors le cordial le plus
fimple & le plus aifé à trouver. Le
voyageur ne manque gueres d'en
porter dans des pays inhabités. Si le
Noyé ne peut pas encore avaler ce
vin, le picotement qu'il excitera
dans la bouche, pourra le ranimer
peu-à-peu.

Ces fecours, que l'on pourra mettre en œuvre dans les campagnes les
plus folitaires, ne fe préfentent point
à des efprits grofliers ou préoccupés
des erreurs & des pratiques du vulgaire ; par ces moyens feuls on ga-
gneroit du tems, pour courir aux ha-
bitations les moins éloignées, pour
y préparer les fecours, & y tranfpor-

ter au plutôt le Noyé, avec toutes les attentions que son état exige, & que les circonstances peuvent le permettre.

Nous avons rapporté les observations les plus lumineuses & les moyens les plus sages que nous ayions pu découvrir dans le petit nombre d'auteurs qui ont traité cette matiere. Il y avoit peu à choisir : la plupart se sont trompés ou dans la spéculation, ou dans la pratique ; & trop souvent dans l'une & dans l'autre. Il a fallu y suppléer par les dernieres découvertes, & soumettre le raisonnement à l'expérience.

Tenir le Noyé longtems exposé au froid ou à une chaleur violente, suspendu par les pieds, ou balotté dans un tonneau ; lui donner enfin la torture en d'autres manieres, ce seroit vouloir rallumer avec un soufflet de forge, une bougie éteinte, & qui fume encore. Ce sont des pratiques qui ont passé des siecles d'ignorance juſqu'à nous, par une tradition aveugle & ſans examen; ce ſont des uſages que le peuple ne tient que de la barbarie, & des préjugés ſi tenaces de l'ancien tems.

Le bain de cendres, dans des lieux habités, & le bain de ſable au dégré de la chaleur animale, ſi c'eſt dans les lieux déſerts; les peaux de moutons, ſi c'eſt dans de longs voyages, & en pleine mer, où l'on n'auroit ni cendres, ni ſable; & la fumée du tabac inférée dans les inteſtins; les potions expectorantes, après la ſaignée de la jugulaire, qui aura rétabli la circulation, & les autres petits ſecours que nous avons indiqués, ſont les moyens les plus ſûrs, les plus ſimples & les plus efficaces pour conſerver tous les ans des milliers de citoyens, qui, ſans ces ſecours, & abandonnés aux miſerables pratiques du vulgaire, ne ſortiront la plupart de l'eau que pour entrer dans la terre, & ſeront infailliblement perdus pour la patrie.

Extrait de la seconde Lettre de M. du Molin, sur les Noyés ; du 10 Mai 1758.

DANS mon cours de Physique, mille expériences réitérées m'avoient instruit que les Insectes noyés jusqu'au point de paroître sans mouvement, ensevelis ensuite dans la cendre ou dans le sel, y recouvroient promptement la vie. J'avois observé que de plusieurs mouches noyées, les unes mises sous la cendre ou le sel, les autres abandonnées en même tems à l'air, sans secours; les premieres, dans l'intervalle de quatre ou cinq minutes, étoient rappellées à la vie ; tandis que les autres, après avoir répété l'expérience sur cent, n'y avoient plus de retour. Reconnoissant une analogie parfaite entre le corps humain & ceux de tous les êtres animés, les uns & les autres, quant à la matiere, n'étant qu'une machine composée de tuyaux & de liqueurs; il étoit conséquent de conclure que ce qui agissoit sur l'un par la voie des pores, devoit agir sur l'autre, en raison du nombre & de la dilatation des mêmes voyes. Ce raisonnement m'ouvrit la route au salut de Claire; c'est la Noyée de Clugny. Le remede est facile & peu dispendieux : mais toutes les nations ne brûlent pas des végétaux; des charbons de terre, des terres bitumineuses, des fientes desséchées suppléent à leur défaut. Souvent une même Province voit ses différens cantons soumis à partager cette dure nécessité.

L'Afrique brulante prive ses habitans de ces tas de cendres, que les froids du Nord accumulent dans nos climats; de-là naît la double difficulté contre le remede en question.

1°. La nature du sel tiré des cendres formé par l'accension des terres ou matieres bitumineuses, sera-t-elle analogue à celle du sel fixe dont la cendre des végétaux est enrichie ?

2°. Comment faire usage de la cendre dans une des plus vastes parties de la terre, où cent foyers en fourniroient à peine vingt livres ?

La réponse résoudra les deux objections. La cendre agit par un sel fixe, de la nature du sel marin. Or comme tous les habitans de notre globe font usage du sel marin, il est évident que toutes les nations peuvent tirer du secours de cette découverte. Un lit de sel réduit en poudre, doit même agir avec plus d'efficacité que la cendre ; & je doute qu'un Juif noyé, conservât-il le jugement en sortant des eaux, eût de la répugnance à avaler le sel par autant de bouches qu'il auroit de pores sur la peau.

Nous donnons cet extrait comme un supplément à la découverte de M. du Molin, si digne de l'attention & de la reconnoissance du Public.

Elle donne lieu à une reflexion qui se présente naturellement à tout lecteur instruit. Comment, de tant de Physiciens qui ont répété successivement les mêmes expériences sur les Insectes, aucun, jusqu'à M. du Molin, ne s'est-il avisé d'en faire l'application aux Noyés ? La nature nous offre à tous mille ressources , & peut-être mille spécifiques, dont nous pourrions profiter pour le bien de l'humanité.

Un geste la découvre , un rien la fait paroître ;
Mais tout mortel n'a pas des yeux pour la connoître.

INSTRUMENT DE THOMAS BARTHOLIN,

perfectionné par M. MUSCHENBROECK.

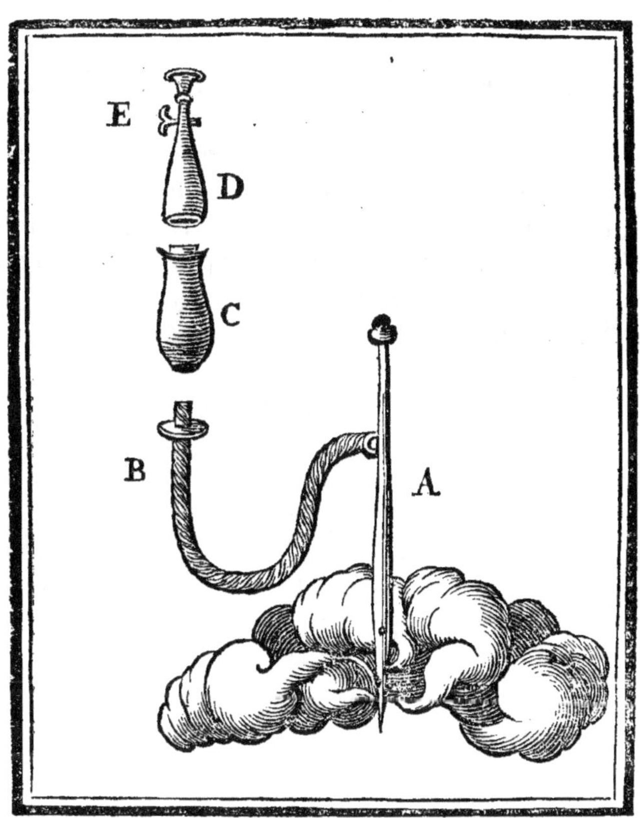

A. La Canule, par où la fumée entre dans les inteſtins.

B. Tuyau flexible, fait avec du cuir roulé, & maintenu par un fil de laiton tourné en Spirale.

C. Boîte d'yvoire ou de bois, doublée de fer blanc, pour contenir le Tabac qui brûle inſenſiblement comme dans une Pipe.

D. Tuyau qui ſert de couvercle à la boîte : il eſt percé dans toute ſa longueur, & ſon extrémité reſſemble à l'embouchure d'une Trompette ; on l'embouche pour ſouffler la fumée.

E. Soupape pour arrêter la fumée du Tabac quand on ceſſe de ſouffler.

APPROBATION.

J'ai lu, par ordre de Monseigneur le Chancelier, un Manuscrit intitulé, *Mémoire sur la maniere la plus simple & la plus sûre de rappeller les Noyés à la vie*, &c. par M. Isnard. La matiere est importante, elle est des plus utiles ; les vues qu'on propose sont faciles à remplir ; l'Ouvrage peut donc & doit même être imprimé. Ce 5 Juillet 1759.

GUETTARD.